Dive Number: _____
Date: _____
Location: _____
Ocean: _____

SI	PG		PG

☐ Computer Dive

BOTTOM TIME _____
DEPTH _____

TIME IN:	TIME OUT:

Bar / psi START	Bar / psi END

RNT _____
ABT _____
TBT _____

VISIBILITY: _____

TEMP: Air ____ Surface ____ Bottom ____

GEAR USED
BCD: _____
Wetsuit: _____
Fins: _____
Weights: _____ kg/lbs
Cylinder: _____ Litres

☐ Steel   ☐ Aluminium
☐ Fresh   ☐ Salt   ☐ Shore   ☐ Boat   ☐ Drift   ☐ Right   ☐ Training

Dive Comments:
_____
_____
_____
_____
_____

AF098558

DIVE SHOP STAMP

BOTTOM TIME TO DATE: _____

Time Of This Dive: _____

Cumulative Dive Time: _____

Verification Signature:
_____

☐ Instructor ☐ Divemaster ☐ Buddy

Certification No: _____

Dive Number: _____
Date: _____
Location: _____
Ocean: _____

SI	PG		PG

☐ Computer Dive

BOTTOM TIME
_____
DEPTH

TIME IN:	TIME OUT:

RNT _____
ABT _____
TBT _____

VISIBILITY:
_____

Bar / psi START	Bar / psi END

TEMP: Air ____ Surface ____ Bottom ____

GEAR USED
BCD: _____
Wetsuit: _____
Fins: _____
Weights: _____ kg/lbs
Cylinder: _____ Litres

☐ Steel   ☐ Aluminium
☐ Fresh   ☐ Salt   ☐ Shore   ☐ Boat   ☐ Drift   ☐ Right   ☐ Training

DIVE SHOP STAMP

Dive Comments:
_____
_____
_____
_____
_____

BOTTOM TIME TO DATE: _____

Time Of This Dive: _____

Cumulative Dive Time: _____

Verification Signature:
_____

☐ Instructor ☐ Divemaster ☐ Buddy

Certification No: _____

Dive Number: _____
Date: _____
Location: _____
Ocean: _____

SI	PG		PG
☐ Computer Dive		BOTTOM TIME ———— DEPTH	

TIME IN:	TIME OUT:

RNT _____
ABT _____
TBT _____

VISIBILITY: _____

Bar / psi START	Bar / psi END

TEMP: Air ____ Surface ____ Bottom ____

GEAR USED
BCD: _____
Wetsuit: _____
Fins: _____
Weights: _____ kg/lbs
Cylinder: _____ Litres

☐ Steel ☐ Aluminium
☐ Fresh ☐ Salt ☐ Shore ☐ Boat ☐ Drift ☐ Right ☐ Training

DIVE SHOP STAMP

Dive Comments:
_____
_____
_____
_____
_____

BOTTOM TIME TO DATE: _____

Time Of This Dive: _____

Cumulative Dive Time: _____

Verification Signature:

_____

☐ Instructor ☐ Divemaster ☐ Buddy

Certification No: _____

Dive Number: _____
Date: _____
Location: _____
Ocean: _____

SI	PG		PG
☐ Computer Dive		BOTTOM TIME _____ DEPTH	

TIME IN:	TIME OUT:

RNT _____
ABT _____
TBT _____

VISIBILITY: _____

Bar / psi START	Bar / psi END

TEMP: Air ____ Surface ____ Bottom ____

GEAR USED
BCD: _____
Wetsuit: _____
Fins: _____
Weights: _____ kg/lbs
Cylinder: _____ Litres

☐ Steel   ☐ Aluminium
☐ Fresh   ☐ Salt   ☐ Shore   ☐ Boat   ☐ Drift   ☐ Right   ☐ Training

DIVE SHOP STAMP

Dive Comments:
_____
_____
_____
_____
_____

BOTTOM TIME TO DATE: _____

Time Of This Dive: _____

Cumulative Dive Time: _____

Verification Signature:

_____

☐ Instructor ☐ Divemaster ☐ Buddy

Certification No: _____

Dive Number: _____
Date: _____
Location: _____
Ocean: _____

| SI | PG | | PG |

☐ Computer Dive

BOTTOM TIME
_____
DEPTH

TIME IN:	TIME OUT:

RNT _____
ABT _____
TBT _____

VISIBILITY:
_____

Bar / psi START	Bar / psi END

TEMP: Air ____ Surface ____ Bottom ____

GEAR USED
BCD: _____
Wetsuit: _____
Fins: _____
Weights: _____ kg/lbs
Cylinder: _____ Litres

☐ Steel   ☐ Aluminium
☐ Fresh   ☐ Salt   ☐ Shore   ☐ Boat   ☐ Drift   ☐ Right   ☐ Training

DIVE SHOP STAMP

Dive Comments:
_____
_____
_____
_____
_____

BOTTOM TIME TO
DATE: _____

Time Of This Dive: _____

Cumulative Dive
Time: _____

Verification Signature:

_____

☐ Instructor ☐ Divemaster ☐ Buddy

Certification No: _____

Dive Number: _____
Date: _____
Location: _____
Ocean: _____

SI	PG		PG
☐ Computer Dive		BOTTOM TIME _____ DEPTH	

TIME IN:	TIME OUT:

RNT _____
ABT _____
TBT _____

VISIBILITY:
_____

Bar / psi START	Bar / psi END

TEMP: Air ____ Surface ____ Bottom ____

GEAR USED
BCD: _____
Wetsuit: _____
Fins: _____
Weights: _____ kg/lbs
Cylinder: _____ Litres

☐ Steel ☐ Aluminium
☐ Fresh ☐ Salt ☐ Shore ☐ Boat ☐ Drift ☐ Right ☐ Training

DIVE SHOP STAMP

Dive Comments:
_____
_____
_____
_____
_____

BOTTOM TIME TO DATE: _____

Time Of This Dive: _____

Cumulative Dive Time: _____

Verification Signature:
_____

☐ Instructor ☐ Divemaster ☐ Buddy

Certification No: _____

Dive Number: _____
Date: _____
Location: _____
Ocean: _____

| SI | PG | | PG |

Computer Dive

BOTTOM TIME
_____
DEPTH

TIME IN:	TIME OUT:

RNT _____
ABT _____
TBT _____

VISIBILITY:
_____

Bar / psi START	Bar / psi END

TEMP: Air ____ Surface ____ Bottom ____

GEAR USED
BCD: _____
Wetsuit: _____
Fins: _____
Weights: _____ kg/lbs
Cylinder: _____ Litres

☐ Steel ☐ Aluminium
☐ Fresh ☐ Salt ☐ Shore ☐ Boat ☐ Drift ☐ Right ☐ Training

DIVE SHOP STAMP

Dive Comments:
_____
_____
_____
_____
_____

BOTTOM TIME TO DATE: _____

Time Of This Dive: _____

Cumulative Dive Time: _____

Verification Signature:
_____

☐ Instructor ☐ Divemaster ☐ Buddy

Certification No: _____

Dive Number: _____
Date: _____
Location: _____
Ocean: _____

SI	PG		PG

☐ Computer Dive

BOTTOM TIME
_____
DEPTH

TIME IN:	TIME OUT:

RNT _____
ABT _____
TBT _____

VISIBILITY:
_____

Bar / psi START	Bar / psi END

TEMP: Air ____ Surface ____ Bottom ____

GEAR USED
BCD: _____
Wetsuit: _____
Fins: _____
Weights: _____ kg/lbs
Cylinder: _____ Litres

☐ Steel ☐ Aluminium
☐ Fresh ☐ Salt ☐ Shore ☐ Boat ☐ Drift ☐ Right ☐ Training

DIVE SHOP STAMP

Dive Comments:
_____
_____
_____
_____
_____

BOTTOM TIME TO DATE: _____

Time Of This Dive: _____

Cumulative Dive Time: _____

Verification Signature:
_____

☐ Instructor ☐ Divemaster ☐ Buddy

Certification No: _____

Dive Number: _____
Date: _____
Location: _____
Ocean: _____

SI	PG		PG

☐ Computer Dive

BOTTOM TIME
_____
DEPTH

TIME IN:	TIME OUT:

RNT _____
ABT _____
TBT _____

VISIBILITY:
_____

Bar / psi START	Bar / psi END

TEMP: Air ____ Surface ____ Bottom ____

GEAR USED
BCD: _____
Wetsuit: _____
Fins: _____
Weights: _____ kg/lbs
Cylinder: _____ Litres

☐ Steel   ☐ Aluminium
☐ Fresh   ☐ Salt   ☐ Shore   ☐ Boat   ☐ Drift   ☐ Right   ☐ Training

DIVE SHOP STAMP

Dive Comments:
_____
_____
_____
_____
_____

BOTTOM TIME TO DATE: _____

Time Of This Dive: _____

Cumulative Dive Time: _____

Verification Signature:

_____

☐ Instructor ☐ Divemaster ☐ Buddy

Certification No: _____

Dive Number: _____
Date: _____
Location: _____
Ocean: _____

SI	PG		PG

☐ Computer Dive

BOTTOM TIME
_____
DEPTH

TIME IN:	TIME OUT:

Bar / psi START	Bar / psi END

RNT _____
ABT _____
TBT _____

VISIBILITY:
_____

TEMP: Air ____ Surface ____ Bottom ____

GEAR USED
BCD: _____
Wetsuit: _____
Fins: _____
Weights: _____ kg/lbs
Cylinder: _____ Litres

☐ Steel ☐ Aluminium
☐ Fresh ☐ Salt ☐ Shore ☐ Boat ☐ Drift ☐ Right ☐ Training

DIVE SHOP STAMP

Dive Comments:
_____
_____
_____
_____
_____

BOTTOM TIME TO DATE: _____

Time Of This Dive: _____

Cumulative Dive Time: _____

Verification Signature:
_____

☐ Instructor ☐ Divemaster ☐ Buddy

Certification No: _____

Dive Number: _____
Date: _____
Location: _____
Ocean: _____

SI	PG		PG
		BOTTOM TIME	
☐ Computer Dive		_____	
		DEPTH	

TIME IN:	TIME OUT:

RNT _____
ABT _____
TBT _____

VISIBILITY:
_____

Bar / psi START	Bar / psi END

TEMP: Air ____ Surface ____ Bottom ____

GEAR USED
BCD: _____
Wetsuit: _____
Fins: _____
Weights: _____ kg/lbs
Cylinder: _____ Litres

DIVE SHOP STAMP

☐ Steel ☐ Aluminium
☐ Fresh ☐ Salt ☐ Shore ☐ Boat ☐ Drift ☐ Right ☐ Training

Dive Comments:
_____
_____
_____
_____
_____

BOTTOM TIME TO DATE: _____

Time Of This Dive: _____

Cumulative Dive Time: _____

Verification Signature:

_____

☐ Instructor ☐ Divemaster ☐ Buddy

Certification No: _____

Dive Number: _____
Date: _____
Location: _____
Ocean: _____

SI	PG		PG
		BOTTOM TIME _____ DEPTH	
☐ Computer Dive			

TIME IN:	TIME OUT:

RNT _____
ABT _____
TBT _____

VISIBILITY:
_____

Bar / psi START	Bar / psi END

TEMP: Air ____ Surface ____ Bottom ____

GEAR USED
BCD: _____
Wetsuit: _____
Fins: _____
Weights: _____ kg/lbs
Cylinder: _____ Litres

☐ Steel ☐ Aluminium
☐ Fresh ☐ Salt ☐ Shore ☐ Boat ☐ Drift ☐ Right ☐ Training

DIVE SHOP STAMP

Dive Comments:
_____
_____
_____
_____
_____

BOTTOM TIME TO DATE: _____

Time Of This Dive: _____

Cumulative Dive Time: _____

Verification Signature:
_____

☐ Instructor ☐ Divemaster ☐ Buddy

Certification No: _____

Dive Number: _____
Date: _____
Location: _____
Ocean: _____

| SI | PG | | PG |

☐ Computer Dive

BOTTOM TIME _____
DEPTH

TIME IN:	TIME OUT:

RNT _____
ABT _____
TBT _____

VISIBILITY: _____

Bar / psi START	Bar / psi END

TEMP: Air ____ Surface ____ Bottom ____

GEAR USED
BCD: _____
Wetsuit: _____
Fins: _____
Weights: _____ kg/lbs
Cylinder: _____ Litres

DIVE SHOP STAMP

☐ Steel   ☐ Aluminium
☐ Fresh   ☐ Salt   ☐ Shore   ☐ Boat   ☐ Drift   ☐ Right   ☐ Training

Dive Comments:
_____
_____
_____
_____
_____

BOTTOM TIME TO DATE: _____

Time Of This Dive: _____

Cumulative Dive Time: _____

Verification Signature:

_____

☐ Instructor ☐ Divemaster ☐ Buddy

Certification No: _____

Dive Number: _____
Date: _____
Location: _____
Ocean: _____

SI	PG		PG
		BOTTOM TIME	
☐ Computer Dive		_____	
		DEPTH	

TIME IN:	TIME OUT:

RNT _____
ABT _____
TBT _____

VISIBILITY:
_____

Bar / psi START	Bar / psi END

TEMP: Air ____ Surface ____ Bottom ____

GEAR USED
BCD: _____
Wetsuit: _____
Fins: _____
Weights: _____ kg/lbs
Cylinder: _____ Litres

☐ Steel ☐ Aluminium
☐ Fresh ☐ Salt ☐ Shore ☐ Boat ☐ Drift ☐ Right ☐ Training

DIVE SHOP STAMP

Dive Comments:
_____
_____
_____
_____
_____

BOTTOM TIME TO DATE: _____

Time Of This Dive: _____

Cumulative Dive Time: _____

Verification Signature:
_____

☐ Instructor ☐ Divemaster ☐ Buddy

Certification No: _____

Dive Number: _____
Date: _____
Location: _____
Ocean: _____

SI	PG		PG
		BOTTOM TIME	
☐ Computer Dive		DEPTH	

TIME IN:	TIME OUT:

RNT _____
ABT _____
TBT _____

VISIBILITY:
_____

Bar / psi START	Bar / psi END

TEMP: Air ____ Surface ____ Bottom ____

GEAR USED
BCD: _____
Wetsuit: _____
Fins: _____
Weights: _____ kg/lbs
Cylinder: _____ Litres

☐ Steel ☐ Aluminium
☐ Fresh ☐ Salt ☐ Shore ☐ Boat ☐ Drift ☐ Right ☐ Training

DIVE SHOP STAMP

Dive Comments:
_____
_____
_____
_____
_____

BOTTOM TIME TO
DATE: _____

Time Of This Dive: _____

Cumulative Dive
Time: _____

Verification Signature:

_____

☐ Instructor ☐ Divemaster ☐ Buddy

Certification No: _____

Dive Number: _____
Date: _____
Location: _____
Ocean: _____

SI	PG		PG
		BOTTOM TIME _____ DEPTH	
☐ Computer Dive			

TIME IN:	TIME OUT:

RNT _____
ABT _____
TBT _____

VISIBILITY:
_____

Bar / psi START	Bar / psi END

TEMP: Air ____ Surface ____ Bottom ____

GEAR USED
BCD: _____
Wetsuit: _____
Fins: _____
Weights: _____ kg/lbs
Cylinder: _____ Litres

☐ Steel ☐ Aluminium
☐ Fresh ☐ Salt ☐ Shore ☐ Boat ☐ Drift ☐ Right ☐ Training

DIVE SHOP STAMP

Dive Comments:
_____
_____
_____
_____
_____

BOTTOM TIME TO DATE: _____

Time Of This Dive: _____

Cumulative Dive Time: _____

Verification Signature:

_____

☐ Instructor ☐ Divemaster ☐ Buddy

Certification No: _____

Dive Number: _____
Date: _____
Location: _____
Ocean: _____

SI	PG		PG

☐ Computer Dive

BOTTOM TIME _____

DEPTH

TIME IN:	TIME OUT:

RNT _____
ABT _____
TBT _____

VISIBILITY: _____

Bar / psi START	Bar / psi END

TEMP: Air ____ Surface ____ Bottom ____

GEAR USED
BCD: _____
Wetsuit: _____
Fins: _____
Weights: _____ kg/lbs
Cylinder: _____ Litres

☐ Steel ☐ Aluminium
☐ Fresh ☐ Salt ☐ Shore ☐ Boat ☐ Drift ☐ Right ☐ Training

DIVE SHOP STAMP

Dive Comments:
_____
_____
_____
_____
_____

BOTTOM TIME TO DATE: _____

Time Of This Dive: _____

Cumulative Dive Time: _____

Verification Signature:

_____

☐ Instructor ☐ Divemaster ☐ Buddy

Certification No: _____

Dive Number: _____
Date: _____
Location: _____
Ocean: _____

SI	PG		PG

☐ Computer Dive

BOTTOM TIME _____
DEPTH

TIME IN:	TIME OUT:

RNT _____
ABT _____
TBT _____

VISIBILITY: _____

Bar / psi START	Bar / psi END

TEMP: Air ____ Surface ____ Bottom ____

GEAR USED
BCD: _____
Wetsuit: _____
Fins: _____
Weights: _____ kg/lbs
Cylinder: _____ Litres

☐ Steel ☐ Aluminium
☐ Fresh ☐ Salt ☐ Shore ☐ Boat ☐ Drift ☐ Right ☐ Training

DIVE SHOP STAMP

Dive Comments:
_____
_____
_____
_____
_____

BOTTOM TIME TO DATE: _____

Time Of This Dive: _____

Cumulative Dive Time: _____

Verification Signature:
_____

☐ Instructor ☐ Divemaster ☐ Buddy

Certification No: _____

Dive Number: _____
Date: _____
Location: _____
Ocean: _____

| SI | PG | | PG |

☐ Computer Dive

BOTTOM TIME _____
DEPTH

TIME IN:	TIME OUT:

RNT _____
ABT _____
TBT _____

VISIBILITY: _____

Bar / psi START	Bar / psi END

TEMP: Air ____ Surface ____ Bottom ____

GEAR USED
BCD: _____
Wetsuit: _____
Fins: _____
Weights: _____ kg/lbs
Cylinder: _____ Litres

☐ Steel   ☐ Aluminium
☐ Fresh   ☐ Salt   ☐ Shore   ☐ Boat   ☐ Drift   ☐ Right   ☐ Training

DIVE SHOP STAMP

Dive Comments:
_____
_____
_____
_____
_____

BOTTOM TIME TO DATE: _____

Time Of This Dive: _____

Cumulative Dive Time: _____

Verification Signature:
_____

☐ Instructor ☐ Divemaster ☐ Buddy

Certification No: _____

Dive Number: _____
Date: _____
Location: _____
Ocean: _____

SI	PG		PG

☐ Computer Dive

BOTTOM TIME
_____
DEPTH

TIME IN:	TIME OUT:

RNT _____
ABT _____
TBT _____

VISIBILITY:
_____

Bar / psi START	Bar / psi END

TEMP: Air ____ Surface ____ Bottom ____

GEAR USED
BCD: _____
Wetsuit: _____
Fins: _____
Weights: _____ kg/lbs
Cylinder: _____ Litres

☐ Steel ☐ Aluminium
☐ Fresh ☐ Salt ☐ Shore ☐ Boat ☐ Drift ☐ Right ☐ Training

DIVE SHOP STAMP

Dive Comments:
_____
_____
_____
_____
_____

BOTTOM TIME TO DATE: _____

Time Of This Dive: _____

Cumulative Dive Time: _____

Verification Signature:
_____

☐ Instructor ☐ Divemaster ☐ Buddy

Certification No: _____

Dive Number: _____
Date: _____
Location: _____
Ocean: _____

SI	PG		PG
☐ Computer Dive		BOTTOM TIME _____ DEPTH	

TIME IN:	TIME OUT:

RNT _____
ABT _____
TBT _____

VISIBILITY: _____

Bar / psi START	Bar / psi END

TEMP: Air ____ Surface ____ Bottom ____

GEAR USED
BCD: _____
Wetsuit: _____
Fins: _____
Weights: _____ kg/lbs
Cylinder: _____ Litres

☐ Steel   ☐ Aluminium
☐ Fresh   ☐ Salt   ☐ Shore   ☐ Boat   ☐ Drift   ☐ Right   ☐ Training

DIVE SHOP STAMP

Dive Comments:
_____
_____
_____
_____
_____

BOTTOM TIME TO DATE: _____

Time Of This Dive: _____

Cumulative Dive Time: _____

Verification Signature:
_____

☐ Instructor ☐ Divemaster ☐ Buddy

Certification No: _____

Dive Number: _____
Date: _____
Location: _____
Ocean: _____

SI	PG		PG
		BOTTOM TIME	
☐ Computer Dive		DEPTH	

TIME IN:	TIME OUT:

RNT _____
ABT _____
TBT _____

VISIBILITY:
_____

Bar / psi START	Bar / psi END

TEMP: Air ____ Surface ____ Bottom ____

GEAR USED
BCD: _____
Wetsuit: _____
Fins: _____
Weights: _____ kg/lbs
Cylinder: _____ Litres

☐ Steel ☐ Aluminium
☐ Fresh ☐ Salt ☐ Shore ☐ Boat ☐ Drift ☐ Right ☐ Training

DIVE SHOP STAMP

Dive Comments:
_____
_____
_____
_____
_____

BOTTOM TIME TO DATE: _____

Time Of This Dive: _____

Cumulative Dive Time: _____

Verification Signature:
_____

☐ Instructor ☐ Divemaster ☐ Buddy

Certification No: _____

Dive Number: _____
Date: _____
Location: _____
Ocean: _____

SI	PG		PG
☐ Computer Dive		BOTTOM TIME _____ DEPTH	

TIME IN:	TIME OUT:

RNT_____
ABT_____
TBT_____

VISIBILITY:
_____

Bar / psi START	Bar / psi END

TEMP: Air ____ Surface ____ Bottom ____

GEAR USED
BCD: _____
Wetsuit: _____
Fins: _____
Weights: _____ kg/lbs
Cylinder: _____ Litres

☐ Steel ☐ Aluminium
☐ Fresh ☐ Salt ☐ Shore ☐ Boat ☐ Drift ☐ Right ☐ Training

DIVE SHOP STAMP

Dive Comments:
_____
_____
_____
_____
_____

BOTTOM TIME TO DATE: _____

Time Of This Dive: _____

Cumulative Dive Time: _____

Verification Signature:
_____

☐ Instructor ☐ Divemaster ☐ Buddy

Certification No: _____

Dive Number: _____
Date: _____
Location: _____
Ocean: _____

SI	PG		PG
		BOTTOM TIME	
☐ Computer Dive		DEPTH	

TIME IN:	TIME OUT:

RNT _____
ABT _____
TBT _____

VISIBILITY:
_____

Bar / psi START	Bar / psi END

TEMP: Air ____ Surface ____ Bottom ____

GEAR USED
BCD: _____
Wetsuit: _____
Fins: _____
Weights: _____ kg/lbs
Cylinder: _____ Litres

☐ Steel ☐ Aluminium
☐ Fresh ☐ Salt ☐ Shore ☐ Boat ☐ Drift ☐ Right ☐ Training

DIVE SHOP STAMP

Dive Comments:
_____
_____
_____
_____
_____

BOTTOM TIME TO DATE: _____

Time Of This Dive: _____

Cumulative Dive Time: _____

Verification Signature:
_____

☐ Instructor ☐ Divemaster ☐ Buddy

Certification No: _____

Dive Number: _____
Date: _____
Location: _____
Ocean: _____

SI	PG		PG

☐ Computer Dive

BOTTOM TIME
_____
DEPTH

TIME IN:	TIME OUT:

RNT _____
ABT _____
TBT _____

VISIBILITY:
_____

Bar / psi START	Bar / psi END

TEMP: Air ____ Surface ____ Bottom ____

GEAR USED
BCD: _____
Wetsuit: _____
Fins: _____
Weights: _____ kg/lbs
Cylinder: _____ Litres

☐ Steel   ☐ Aluminium
☐ Fresh   ☐ Salt   ☐ Shore   ☐ Boat   ☐ Drift   ☐ Right   ☐ Training

DIVE SHOP STAMP

Dive Comments:
_____
_____
_____
_____
_____

BOTTOM TIME TO DATE: _____

Time Of This Dive: _____

Cumulative Dive Time: _____

Verification Signature:

_____

☐ Instructor ☐ Divemaster ☐ Buddy

Certification No: _____

Dive Number: _____
Date: _____
Location: _____
Ocean: _____

SI	PG		PG
☐ Computer Dive	BOTTOM TIME _____ DEPTH		

TIME IN:	TIME OUT:

RNT _____
ABT _____
TBT _____

VISIBILITY: _____

Bar / psi START	Bar / psi END

TEMP: Air ____ Surface ____ Bottom ____

GEAR USED
BCD: _____
Wetsuit: _____
Fins: _____
Weights: _____ kg/lbs
Cylinder: _____ Litres

☐ Steel   ☐ Aluminium
☐ Fresh   ☐ Salt   ☐ Shore   ☐ Boat   ☐ Drift   ☐ Right   ☐ Training

DIVE SHOP STAMP

Dive Comments:
_____
_____
_____
_____
_____

BOTTOM TIME TO DATE: _____

Time Of This Dive: _____

Cumulative Dive Time: _____

Verification Signature:
_____

☐ Instructor ☐ Divemaster ☐ Buddy

Certification No: _____

Dive Number: _____
Date: _____
Location: _____
Ocean: _____

SI	PG		PG

☐ Computer Dive

BOTTOM TIME
_____
DEPTH

TIME IN:	TIME OUT:

RNT _____
ABT _____
TBT _____

VISIBILITY:
_____

Bar / psi START	Bar / psi END

TEMP: Air ____ Surface ____ Bottom ____

GEAR USED
BCD: _____
Wetsuit: _____
Fins: _____
Weights: _____ kg/lbs
Cylinder: _____ Litres

☐ Steel   ☐ Aluminium
☐ Fresh   ☐ Salt   ☐ Shore   ☐ Boat   ☐ Drift   ☐ Right   ☐ Training

DIVE SHOP STAMP

Dive Comments:
_____
_____
_____
_____
_____

BOTTOM TIME TO DATE: _____

Time Of This Dive: _____

Cumulative Dive Time: _____

Verification Signature:

_____

☐ Instructor ☐ Divemaster ☐ Buddy

Certification No: _____

Dive Number: _____
Date: _____
Location: _____
Ocean: _____

SI	PG		PG
		BOTTOM TIME	
☐ Computer Dive		DEPTH	

TIME IN:	TIME OUT:

RNT _____
ABT _____
TBT _____

VISIBILITY: _____

Bar / psi START	Bar / psi END

TEMP: Air ____ Surface ____ Bottom ____

GEAR USED
BCD: _____
Wetsuit: _____
Fins: _____
Weights: _____ kg/lbs
Cylinder: _____ Litres

☐ Steel ☐ Aluminium
☐ Fresh ☐ Salt ☐ Shore ☐ Boat ☐ Drift ☐ Right ☐ Training

DIVE SHOP STAMP

Dive Comments:
_____
_____
_____
_____
_____

BOTTOM TIME TO DATE: _____

Time Of This Dive: _____

Cumulative Dive Time: _____

Verification Signature:

_____

☐ Instructor ☐ Divemaster ☐ Buddy

Certification No: _____

Dive Number: _____
Date: _____
Location: _____
Ocean: _____

| SI | PG | | PG |

☐ Computer Dive

BOTTOM TIME
_____
DEPTH

TIME IN:	TIME OUT:

RNT _____
ABT _____
TBT _____

VISIBILITY:
_____

Bar / psi START	Bar / psi END

TEMP: Air ____ Surface ____ Bottom ____

GEAR USED
BCD: _____
Wetsuit: _____
Fins: _____
Weights: _____ kg/lbs
Cylinder: _____ Litres

☐ Steel   ☐ Aluminium
☐ Fresh   ☐ Salt   ☐ Shore   ☐ Boat   ☐ Drift   ☐ Right   ☐ Training

DIVE SHOP STAMP

Dive Comments:
_____
_____
_____
_____
_____

BOTTOM TIME TO
DATE: _____

Time Of This Dive: _____

Cumulative Dive
Time: _____

Verification Signature:
_____

☐ Instructor ☐ Divemaster ☐ Buddy

Certification No: _____

Dive Number: _____
Date: _____
Location: _____
Ocean: _____

SI	PG		PG
		BOTTOM TIME _____ DEPTH	
☐ Computer Dive			

TIME IN:	TIME OUT:

RNT _____
ABT _____
TBT _____

VISIBILITY:
_____

Bar / psi START	Bar / psi END

TEMP: Air ____ Surface ____ Bottom ____

GEAR USED
BCD: _____
Wetsuit: _____
Fins: _____
Weights: _____ kg/lbs
Cylinder: _____ Litres

☐ Steel ☐ Aluminium
☐ Fresh ☐ Salt ☐ Shore ☐ Boat ☐ Drift ☐ Right ☐ Training

Dive Comments:
_____
_____
_____
_____
_____

DIVE SHOP STAMP

BOTTOM TIME TO DATE: _____

Time Of This Dive: _____

Cumulative Dive Time: _____

Verification Signature:

_____

☐ **Instructor** ☐ **Divemaster** ☐ **Buddy**

Certification No: _____

Dive Number: _____
Date: _____
Location: _____
Ocean: _____

SI	PG		PG

☐ Computer Dive

BOTTOM TIME
_____
DEPTH

TIME IN:	TIME OUT:

RNT _____
ABT _____
TBT _____

VISIBILITY:
_____

Bar / psi START	Bar / psi END

TEMP: Air ____ Surface ____ Bottom ____

GEAR USED
BCD: _____
Wetsuit: _____
Fins: _____
Weights: _____ kg/lbs
Cylinder: _____ Litres

☐ Steel ☐ Aluminium
☐ Fresh ☐ Salt ☐ Shore ☐ Boat ☐ Drift ☐ Right ☐ Training

DIVE SHOP STAMP

Dive Comments:
_____
_____
_____
_____
_____

BOTTOM TIME TO DATE: _____

Time Of This Dive: _____

Cumulative Dive Time: _____

Verification Signature:
_____

☐ Instructor ☐ Divemaster ☐ Buddy

Certification No: _____

Dive Number: _____
Date: _____
Location: _____
Ocean: _____

SI	PG		PG
☐ Computer Dive	BOTTOM TIME _____ DEPTH		

TIME IN:	TIME OUT:

RNT _____
ABT _____
TBT _____

VISIBILITY: _____

Bar / psi START	Bar / psi END

TEMP: Air ____ Surface ____ Bottom ____

GEAR USED
BCD: _____
Wetsuit: _____
Fins: _____
Weights: _____ kg/lbs
Cylinder: _____ Litres

☐ Steel ☐ Aluminium
☐ Fresh ☐ Salt ☐ Shore ☐ Boat ☐ Drift ☐ Right ☐ Training

DIVE SHOP STAMP

Dive Comments:
_____
_____
_____
_____
_____

BOTTOM TIME TO DATE: _____

Time Of This Dive: _____

Cumulative Dive Time: _____

Verification Signature:
_____

☐ Instructor ☐ Divemaster ☐ Buddy

Certification No: _____

Dive Number: _____
Date: _____
Location: _____
Ocean: _____

SI	PG		PG
☐ Computer Dive		BOTTOM TIME _____ DEPTH	

TIME IN:	TIME OUT:

RNT _____
ABT _____
TBT _____

VISIBILITY: _____

Bar / psi START	Bar / psi END

TEMP: Air ____ Surface ____ Bottom ____

GEAR USED
BCD: _____
Wetsuit: _____
Fins: _____
Weights: _____ kg/lbs
Cylinder: _____ Litres

☐ Steel   ☐ Aluminium
☐ Fresh   ☐ Salt   ☐ Shore   ☐ Boat   ☐ Drift   ☐ Right   ☐ Training

DIVE SHOP STAMP

Dive Comments:
_____
_____
_____
_____
_____

BOTTOM TIME TO DATE: _____

Time Of This Dive: _____

Cumulative Dive Time: _____

Verification Signature:
_____

☐ Instructor ☐ Divemaster ☐ Buddy

Certification No: _____

Dive Number: _____
Date: _____
Location: _____
Ocean: _____

SI	PG		PG

☐ Computer Dive

BOTTOM TIME
_____
DEPTH

TIME IN:	TIME OUT:

RNT _____
ABT _____
TBT _____

VISIBILITY:
_____

Bar / psi START	Bar / psi END

TEMP: Air ____ Surface ____ Bottom ____

GEAR USED
BCD: _____
Wetsuit: _____
Fins: _____
Weights: _____ kg/lbs
Cylinder: _____ Litres

☐ Steel ☐ Aluminium
☐ Fresh ☐ Salt ☐ Shore ☐ Boat ☐ Drift ☐ Right ☐ Training

DIVE SHOP STAMP

Dive Comments:
_____
_____
_____
_____
_____

BOTTOM TIME TO DATE: _____

Time Of This Dive: _____

Cumulative Dive Time: _____

Verification Signature:
_____

☐ Instructor ☐ Divemaster ☐ Buddy

Certification No: _____

Dive Number: _____
Date: _____
Location: _____
Ocean: _____

SI	PG		PG

☐ Computer Dive

BOTTOM TIME
_____
DEPTH

TIME IN:	TIME OUT:

RNT _____
ABT _____
TBT _____

VISIBILITY:
_____

Bar / psi START	Bar / psi END

TEMP: Air ____ Surface ____ Bottom ____

GEAR USED
BCD: _____
Wetsuit: _____
Fins: _____
Weights: _____ kg/lbs
Cylinder: _____ Litres

☐ Steel ☐ Aluminium
☐ Fresh ☐ Salt ☐ Shore ☐ Boat ☐ Drift ☐ Right ☐ Training

DIVE SHOP STAMP

Dive Comments:
_____
_____
_____
_____
_____

BOTTOM TIME TO DATE: _____

Time Of This Dive: _____

Cumulative Dive Time: _____

Verification Signature:
_____

☐ Instructor ☐ Divemaster ☐ Buddy

Certification No: _____

Dive Number: _____
Date: _____
Location: _____
Ocean: _____

SI	PG		PG
☐ Computer Dive		BOTTOM TIME _____ DEPTH	

TIME IN:	TIME OUT:

RNT _____
ABT _____
TBT _____

VISIBILITY:
_____

Bar / psi START	Bar / psi END

TEMP: Air ____ Surface ____ Bottom ____

GEAR USED
BCD: _____
Wetsuit: _____
Fins: _____
Weights: _____ kg/lbs
Cylinder: _____ Litres

☐ Steel   ☐ Aluminium
☐ Fresh   ☐ Salt   ☐ Shore   ☐ Boat   ☐ Drift   ☐ Right   ☐ Training

DIVE SHOP STAMP

Dive Comments:
_____
_____
_____
_____
_____

BOTTOM TIME TO DATE: _____

Time Of This Dive: _____

Cumulative Dive Time: _____

Verification Signature:
_____

☐ Instructor ☐ Divemaster ☐ Buddy

Certification No: _____

Dive Number: _____
Date: _____
Location: _____
Ocean: _____

SI	PG		PG

☐ Computer Dive

BOTTOM TIME
_____
DEPTH

TIME IN:	TIME OUT:

RNT _____
ABT _____
TBT _____

VISIBILITY:
_____

Bar / psi START	Bar / psi END

TEMP: Air ____ Surface ____ Bottom ____

GEAR USED
BCD: _____
Wetsuit: _____
Fins: _____
Weights: _____ kg/lbs
Cylinder: _____ Litres

☐ Steel ☐ Aluminium
☐ Fresh ☐ Salt ☐ Shore ☐ Boat ☐ Drift ☐ Right ☐ Training

DIVE SHOP STAMP

Dive Comments:
_____
_____
_____
_____
_____

BOTTOM TIME TO DATE: _____

Time Of This Dive: _____

Cumulative Dive Time: _____

Verification Signature:

_____

☐ Instructor ☐ Divemaster ☐ Buddy

Certification No: _____

Dive Number: _____
Date: _____
Location: _____
Ocean: _____

| SI | PG | | PG |

BOTTOM TIME
_____
DEPTH

☐ Computer Dive

TIME IN:	TIME OUT:

RNT _____
ABT _____
TBT _____

VISIBILITY:
_____

Bar / psi START	Bar / psi END

TEMP: Air ____ Surface ____ Bottom ____

GEAR USED
BCD: _____
Wetsuit: _____
Fins: _____
Weights: _____ kg/lbs
Cylinder: _____ Litres

☐ Steel ☐ Aluminium
☐ Fresh ☐ Salt ☐ Shore ☐ Boat ☐ Drift ☐ Right ☐ Training

DIVE SHOP STAMP

Dive Comments:
_____
_____
_____
_____
_____

BOTTOM TIME TO DATE: _____

Time Of This Dive: _____

Cumulative Dive Time: _____

Verification Signature:
_____

☐ Instructor ☐ Divemaster ☐ Buddy

Certification No: _____

Dive Number: _____
Date: _____
Location: _____
Ocean: _____

SI	PG		PG

☐ Computer Dive

BOTTOM TIME
_____
DEPTH

TIME IN:	TIME OUT:

RNT _____
ABT _____
TBT _____

VISIBILITY:
_____

Bar / psi START	Bar / psi END

TEMP: Air ____ Surface ____ Bottom ____

GEAR USED
BCD: _____
Wetsuit: _____
Fins: _____
Weights: _____ kg/lbs
Cylinder: _____ Litres

☐ Steel ☐ Aluminium
☐ Fresh ☐ Salt ☐ Shore ☐ Boat ☐ Drift ☐ Right ☐ Training

DIVE SHOP STAMP

Dive Comments:
_____
_____
_____
_____
_____

BOTTOM TIME TO DATE: _____

Time Of This Dive: _____

Cumulative Dive Time: _____

Verification Signature:
_____

☐ Instructor ☐ Divemaster ☐ Buddy

Certification No: _____

Dive Number: _____
Date: _____
Location: _____
Ocean: _____

SI	PG		PG
		BOTTOM TIME	
☐ Computer Dive		DEPTH	

TIME IN:	TIME OUT:

Bar / psi START	Bar / psi END

RNT_____
ABT_____
TBT_____

VISIBILITY:
_____

TEMP: Air ____ Surface ____ Bottom ____

DIVE SHOP STAMP

GEAR USED
BCD: _____
Wetsuit: _____
Fins: _____
Weights: _____ kg/lbs
Cylinder: _____ Litres

☐ Steel ☐ Aluminium
☐ Fresh ☐ Salt ☐ Shore ☐ Boat ☐ Drift ☐ Right ☐ Training

Dive Comments:
_____
_____
_____
_____

BOTTOM TIME TO DATE: _____

Time Of This Dive: _____

Cumulative Dive Time: _____

Verification Signature:
_____

☐ Instructor ☐ Divemaster ☐ Buddy

Certification No: _____

Dive Number: _____
Date: _____
Location: _____
Ocean: _____

TIME IN:	TIME OUT:

SI	PG		PG
☐ Computer Dive		BOTTOM TIME _____ DEPTH	

RNT _____
ABT _____
TBT _____

VISIBILITY: _____

Bar / psi START	Bar / psi END

TEMP: Air ____ Surface ____ Bottom ____

GEAR USED
BCD: _____
Wetsuit: _____
Fins: _____
Weights: _____ kg/lbs
Cylinder: _____ Litres

☐ Steel ☐ Aluminium
☐ Fresh ☐ Salt ☐ Shore ☐ Boat ☐ Drift ☐ Right ☐ Training

DIVE SHOP STAMP

Dive Comments:
_____
_____
_____
_____
_____

BOTTOM TIME TO DATE: _____

Time Of This Dive: _____

Cumulative Dive Time: _____

Verification Signature:

_____

☐ Instructor ☐ Divemaster ☐ Buddy

Certification No: _____

Dive Number: _____
Date: _____
Location: _____
Ocean: _____

SI	PG		PG
☐ Computer Dive	BOTTOM TIME		
	DEPTH		

TIME IN:	TIME OUT:

RNT _____
ABT _____
TBT _____

VISIBILITY:
_____

Bar / psi START	Bar / psi END

TEMP: Air ____ Surface ____ Bottom ____

GEAR USED
BCD: _____
Wetsuit: _____
Fins: _____
Weights: _____ **kg/lbs**
Cylinder: _____ **Litres**

☐ **Steel**   ☐ **Aluminium**
☐ **Fresh**   ☐ **Salt**   ☐ **Shore**   ☐ **Boat**   ☐ **Drift**   ☐ **Right**   ☐ **Training**

Dive Comments:
_____
_____
_____
_____
_____

DIVE SHOP STAMP

BOTTOM TIME TO DATE: _____

Time Of This Dive: _____

Cumulative Dive Time: _____

Verification Signature:
_____

☐ Instructor ☐ Divemaster ☐ Buddy

Certification No: _____

Dive Number: _____
Date: _____
Location: _____
Ocean: _____

SI	PG		PG
		BOTTOM TIME	
☐ Computer Dive		————	
		DEPTH	

TIME IN:	TIME OUT:

RNT _____
ABT _____
TBT _____

VISIBILITY:
_____

Bar / psi START	Bar / psi END

TEMP: Air ____ Surface ____ Bottom ____

GEAR USED
BCD: _____
Wetsuit: _____
Fins: _____
Weights: _____ kg/lbs
Cylinder: _____ Litres

☐ Steel   ☐ Aluminium
☐ Fresh   ☐ Salt   ☐ Shore   ☐ Boat   ☐ Drift   ☐ Right   ☐ Training

DIVE SHOP STAMP

Dive Comments:
_____
_____
_____
_____
_____

BOTTOM TIME TO DATE: _____

Time Of This Dive: _____

Cumulative Dive Time: _____

Verification Signature:
_____

☐ Instructor ☐ Divemaster ☐ Buddy

Certification No: _____

Dive Number: _____
Date: _____
Location: _____
Ocean: _____

SI	PG		PG

☐ Computer Dive

BOTTOM TIME
_____
DEPTH

TIME IN:	TIME OUT:

RNT _____
ABT _____
TBT _____

VISIBILITY:
_____

Bar / psi START	Bar / psi END

TEMP: Air ____ Surface ____ Bottom ____

GEAR USED
BCD: _____
Wetsuit: _____
Fins: _____
Weights: _____ kg/lbs
Cylinder: _____ Litres

☐ Steel ☐ Aluminium
☐ Fresh ☐ Salt ☐ Shore ☐ Boat ☐ Drift ☐ Right ☐ Training

DIVE SHOP STAMP

Dive Comments:
_____
_____
_____
_____
_____

BOTTOM TIME TO DATE: _____

Time Of This Dive: _____

Cumulative Dive Time: _____

Verification Signature:
_____

☐ Instructor ☐ Divemaster ☐ Buddy

Certification No: _____

Dive Number: _____
Date: _____
Location: _____
Ocean: _____

SI	PG		PG

☐ Computer Dive

BOTTOM TIME
_____
DEPTH

TIME IN:	TIME OUT:

RNT _____
ABT _____
TBT _____

VISIBILITY:
_____

Bar / psi START	Bar / psi END

TEMP: Air ____ Surface ____ Bottom ____

GEAR USED
BCD: _____
Wetsuit: _____
Fins: _____
Weights: _____ kg/lbs
Cylinder: _____ Litres

☐ Steel   ☐ Aluminium
☐ Fresh   ☐ Salt   ☐ Shore   ☐ Boat   ☐ Drift   ☐ Right   ☐ Training

DIVE SHOP STAMP

Dive Comments:
_____
_____
_____
_____
_____

BOTTOM TIME TO DATE: _____

Time Of This Dive: _____

Cumulative Dive Time: _____

Verification Signature:
_____

☐ Instructor ☐ Divemaster ☐ Buddy

Certification No: _____

Dive Number: _____
Date: _____
Location: _____
Ocean: _____

SI	PG		PG
		BOTTOM TIME	
☐ Computer Dive		DEPTH	

TIME IN:	TIME OUT:

RNT _____
ABT _____
TBT _____

VISIBILITY:
_____

Bar / psi START	Bar / psi END

TEMP: Air ____ Surface ____ Bottom ____

GEAR USED
BCD: _____
Wetsuit: _____
Fins: _____
Weights: _____ kg/lbs
Cylinder: _____ Litres

☐ Steel ☐ Aluminium
☐ Fresh ☐ Salt ☐ Shore ☐ Boat ☐ Drift ☐ Right ☐ Training

DIVE SHOP STAMP

Dive Comments:
_____
_____
_____
_____
_____

BOTTOM TIME TO DATE: _____

Time Of This Dive: _____

Cumulative Dive Time: _____

Verification Signature:
_____

☐ Instructor ☐ Divemaster ☐ Buddy

Certification No: _____

Dive Number: _____
Date: _____
Location: _____
Ocean: _____

SI	PG		PG
☐ Computer Dive	BOTTOM TIME		
	DEPTH		

TIME IN:	TIME OUT:

RNT _____
ABT _____
TBT _____

VISIBILITY:
_____

Bar / psi START	Bar / psi END

TEMP: Air ____ Surface ____ Bottom ____

GEAR USED
BCD: _____
Wetsuit: _____
Fins: _____
Weights: _____ kg/lbs
Cylinder: _____ Litres

☐ Steel   ☐ Aluminium
☐ Fresh   ☐ Salt   ☐ Shore   ☐ Boat   ☐ Drift   ☐ Right   ☐ Training

DIVE SHOP STAMP

Dive Comments:
_____
_____
_____
_____
_____

BOTTOM TIME TO
DATE: _____

Time Of This Dive: _____

Cumulative Dive
Time: _____

Verification Signature:

_____

☐ Instructor   ☐ Divemaster   ☐ Buddy

Certification No: _____

Dive Number: _____
Date: _____
Location: _____
Ocean: _____

SI	PG		PG
		BOTTOM TIME	
☐ Computer Dive		DEPTH	

TIME IN:	TIME OUT:

RNT _____
ABT _____
TBT _____

VISIBILITY:
_____

Bar / psi START	Bar / psi END

TEMP: Air ____ Surface ____ Bottom ____

GEAR USED
BCD: _____
Wetsuit: _____
Fins: _____
Weights: _____ kg/lbs
Cylinder: _____ Litres

☐ Steel   ☐ Aluminium
☐ Fresh   ☐ Salt   ☐ Shore   ☐ Boat   ☐ Drift   ☐ Right   ☐ Training

DIVE SHOP STAMP

Dive Comments:
_____
_____
_____
_____
_____

BOTTOM TIME TO DATE: _____

Time Of This Dive: _____

Cumulative Dive Time: _____

Verification Signature:
_____

☐ Instructor ☐ Divemaster ☐ Buddy

Certification No: _____

Dive Number: _____
Date: _____
Location: _____
Ocean: _____

SI	PG		PG
☐ Computer Dive		BOTTOM TIME _____ DEPTH	

TIME IN:	TIME OUT:

Bar / psi START	Bar / psi END

RNT_____
ABT _____
TBT _____

VISIBILITY: _____

TEMP: Air ____ Surface ____ Bottom ____

GEAR USED
BCD: _____
Wetsuit: _____
Fins: _____
Weights: _____ kg/lbs
Cylinder: _____ Litres

☐ Steel   ☐ Aluminium
☐ Fresh   ☐ Salt   ☐ Shore   ☐ Boat   ☐ Drift   ☐ Right   ☐ Training

DIVE SHOP STAMP

Dive Comments:
_____
_____
_____
_____
_____

BOTTOM TIME TO DATE: _____

Time Of This Dive: _____

Cumulative Dive Time: _____

Verification Signature:
_____

☐ Instructor ☐ Divemaster ☐ Buddy

Certification No: _____

Dive Number: _____
Date: _____
Location: _____
Ocean: _____

SI	PG		PG
		BOTTOM TIME	
☐ Computer Dive		_____	
		DEPTH	

TIME IN:	TIME OUT:

RNT _____
ABT _____
TBT _____

VISIBILITY:
_____

Bar / psi START	Bar / psi END

TEMP: Air ____ Surface ____ Bottom ____

GEAR USED
BCD: _____
Wetsuit: _____
Fins: _____
Weights: _____ kg/lbs
Cylinder: _____ Litres

☐ Steel   ☐ Aluminium
☐ Fresh   ☐ Salt   ☐ Shore   ☐ Boat   ☐ Drift   ☐ Right   ☐ Training

DIVE SHOP STAMP

Dive Comments:
_____
_____
_____
_____
_____

BOTTOM TIME TO
DATE: _____

Time Of This Dive: _____

Cumulative Dive
Time: _____

Verification Signature:

_____

☐ Instructor ☐ Divemaster ☐ Buddy

Certification No: _____

Dive Number: _____
Date: _____
Location: _____
Ocean: _____

SI	PG		PG
☐ Computer Dive	BOTTOM TIME _____ DEPTH		

TIME IN:	TIME OUT:

RNT _____
ABT _____
TBT _____

VISIBILITY:
_____

Bar / psi START	Bar / psi END

TEMP: Air ____ Surface ____ Bottom ____

GEAR USED
BCD: _____
Wetsuit: _____
Fins: _____
Weights: _____ kg/lbs
Cylinder: _____ Litres

☐ Steel   ☐ Aluminium
☐ Fresh   ☐ Salt   ☐ Shore   ☐ Boat   ☐ Drift   ☐ Right   ☐ Training

DIVE SHOP STAMP

Dive Comments:
_____
_____
_____
_____
_____

BOTTOM TIME TO DATE: _____

Time Of This Dive: _____

Cumulative Dive Time: _____

Verification Signature:
_____

☐ Instructor ☐ Divemaster ☐ Buddy

Certification No: _____

Dive Number: _____
Date: _____
Location: _____
Ocean: _____

SI	PG		PG
☐ Computer Dive		BOTTOM TIME _____ DEPTH	

TIME IN:	TIME OUT:

RNT _____
ABT _____
TBT _____

VISIBILITY:
_____

Bar / psi START	Bar / psi END

TEMP: Air ____ Surface ____ Bottom ____

GEAR USED
BCD: _____
Wetsuit: _____
Fins: _____
Weights: _____ kg/lbs
Cylinder: _____ Litres

☐ Steel ☐ Aluminium
☐ Fresh ☐ Salt ☐ Shore ☐ Boat ☐ Drift ☐ Right ☐ Training

DIVE SHOP STAMP

Dive Comments:
_____
_____
_____
_____
_____

BOTTOM TIME TO DATE: _____

Time Of This Dive: _____

Cumulative Dive Time: _____

Verification Signature:

_____

☐ Instructor ☐ Divemaster ☐ Buddy

Certification No: _____

Dive Number: _____
Date: _____
Location: _____
Ocean: _____

SI	PG		PG

☐ Computer Dive

BOTTOM TIME
_____
DEPTH

TIME IN:	TIME OUT:

RNT _____
ABT _____
TBT _____

VISIBILITY:
_____

Bar / psi START	Bar / psi END

TEMP: Air ____ Surface ____ Bottom ____

GEAR USED
BCD: _____
Wetsuit: _____
Fins: _____
Weights: _____ kg/lbs
Cylinder: _____ Litres

☐ Steel   ☐ Aluminium
☐ Fresh   ☐ Salt   ☐ Shore   ☐ Boat   ☐ Drift   ☐ Right   ☐ Training

DIVE SHOP STAMP

Dive Comments:
_____
_____
_____
_____
_____

BOTTOM TIME TO DATE: _____

Time Of This Dive: _____

Cumulative Dive Time: _____

Verification Signature:
_____

☐ Instructor ☐ Divemaster ☐ Buddy

Certification No: _____

Dive Number: _____
Date: _____
Location: _____
Ocean: _____

SI	PG		PG
☐ Computer Dive		BOTTOM TIME _____ DEPTH	

TIME IN:	TIME OUT:

RNT _____
ABT _____
TBT _____

VISIBILITY: _____

Bar / psi START	Bar / psi END

TEMP: Air ____ Surface ____ Bottom ____

GEAR USED
BCD: _____
Wetsuit: _____
Fins: _____
Weights: _____ kg/lbs
Cylinder: _____ Litres

☐ Steel ☐ Aluminium
☐ Fresh ☐ Salt ☐ Shore ☐ Boat ☐ Drift ☐ Right ☐ Training

DIVE SHOP STAMP

Dive Comments:
_____
_____
_____
_____
_____

BOTTOM TIME TO DATE: _____

Time Of This Dive: _____

Cumulative Dive Time: _____

Verification Signature:
_____

☐ Instructor ☐ Divemaster ☐ Buddy

Certification No: _____

Dive Number: _____
Date: _____
Location: _____
Ocean: _____

SI	PG		PG
		BOTTOM TIME _____ DEPTH	
☐ Computer Dive			

TIME IN:	TIME OUT:

RNT _____
ABT _____
TBT _____

VISIBILITY:
_____

Bar / psi START	Bar / psi END

TEMP: Air ____ Surface ____ Bottom ____

GEAR USED
BCD: _____
Wetsuit: _____
Fins: _____
Weights: _____ kg/lbs
Cylinder: _____ Litres

☐ Steel   ☐ Aluminium
☐ Fresh   ☐ Salt   ☐ Shore   ☐ Boat   ☐ Drift   ☐ Right   ☐ Training

DIVE SHOP STAMP

Dive Comments:
_____
_____
_____
_____
_____

BOTTOM TIME TO
DATE: _____

Time Of This Dive: _____

Cumulative Dive
Time: _____

Verification Signature:

_____

☐ Instructor ☐ Divemaster ☐ Buddy

Certification No: _____

Dive Number: _____
Date: _____
Location: _____
Ocean: _____

SI	PG		PG
☐ Computer Dive		BOTTOM TIME _____ DEPTH	

TIME IN:	TIME OUT:

RNT _____
ABT _____
TBT _____

VISIBILITY:
_____

Bar / psi START	Bar / psi END

TEMP: Air ____ Surface ____ Bottom ____

GEAR USED
BCD: _____
Wetsuit: _____
Fins: _____
Weights: _____ kg/lbs
Cylinder: _____ Litres

☐ Steel ☐ Aluminium
☐ Fresh ☐ Salt ☐ Shore ☐ Boat ☐ Drift ☐ Right ☐ Training

DIVE SHOP STAMP

Dive Comments:
_____
_____
_____
_____
_____

BOTTOM TIME TO
DATE: _____

Time Of This Dive: _____

Cumulative Dive
Time: _____

Verification Signature:
_____

☐ Instructor ☐ Divemaster ☐ Buddy

Certification No: _____

Dive Number: _____
Date: _____
Location: _____
Ocean: _____

TIME IN:	TIME OUT:

Bar / psi START	Bar / psi END

SI	PG		PG

☐ Computer Dive

BOTTOM TIME
_____
DEPTH

RNT _____
ABT _____
TBT _____

VISIBILITY:
_____

TEMP: Air ____ Surface ____ Bottom ____

GEAR USED
BCD: _____
Wetsuit: _____
Fins: _____
Weights: _____ kg/lbs
Cylinder: _____ Litres

☐ Steel ☐ Aluminium
☐ Fresh ☐ Salt ☐ Shore ☐ Boat ☐ Drift ☐ Right ☐ Training

DIVE SHOP STAMP

Dive Comments:
_____
_____
_____
_____
_____

BOTTOM TIME TO
DATE: _____

Time Of This Dive: _____

Cumulative Dive
Time: _____

Verification Signature:

_____

☐ Instructor ☐ Divemaster ☐ Buddy

Certification No: _____

Dive Number: _____
Date: _____
Location: _____
Ocean: _____

SI	PG		PG
		BOTTOM TIME	
☐ Computer Dive		DEPTH	

TIME IN:	TIME OUT:

RNT _____
ABT _____
TBT _____

VISIBILITY:
_____

Bar / psi START	Bar / psi END

TEMP: Air ____ Surface ____ Bottom ____

GEAR USED
BCD: _____
Wetsuit: _____
Fins: _____
Weights: _____ **kg/lbs**
Cylinder: _____ **Litres**

☐ Steel ☐ Aluminium
☐ Fresh ☐ Salt ☐ Shore ☐ Boat ☐ Drift ☐ Right ☐ Training

DIVE SHOP STAMP

Dive Comments:
_____
_____
_____
_____
_____

BOTTOM TIME TO DATE: _____

Time Of This Dive: _____

Cumulative Dive Time: _____

Verification Signature:
_____

☐ Instructor ☐ Divemaster ☐ Buddy

Certification No: _____

Dive Number: _____
Date: _____
Location: _____
Ocean: _____

SI	PG		PG

☐ Computer Dive

BOTTOM TIME
_____
DEPTH

TIME IN:	TIME OUT:

RNT _____
ABT _____
TBT _____

VISIBILITY:
_____

Bar / psi START	Bar / psi END

TEMP: Air ____ Surface ____ Bottom ____

GEAR USED
BCD: _____
Wetsuit: _____
Fins: _____
Weights: _____ kg/lbs
Cylinder: _____ Litres

☐ Steel ☐ Aluminium
☐ Fresh ☐ Salt ☐ Shore ☐ Boat ☐ Drift ☐ Right ☐ Training

DIVE SHOP STAMP

Dive Comments:
_____
_____
_____
_____
_____

BOTTOM TIME TO
DATE: _____

Time Of This Dive: _____

Cumulative Dive
Time: _____

Verification Signature:
_____

☐ Instructor ☐ Divemaster ☐ Buddy

Certification No: _____

Dive Number: _____
Date: _____
Location: _____
Ocean: _____

SI	PG		PG
		BOTTOM TIME	
☐ Computer Dive		DEPTH	

TIME IN:	TIME OUT:

RNT _____
ABT _____
TBT _____

VISIBILITY: _____

Bar / psi START	Bar / psi END

TEMP: Air ____ Surface ____ Bottom ____

GEAR USED
BCD: _____
Wetsuit: _____
Fins: _____
Weights: _____ kg/lbs
Cylinder: _____ Litres

☐ Steel ☐ Aluminium
☐ Fresh ☐ Salt ☐ Shore ☐ Boat ☐ Drift ☐ Right ☐ Training

DIVE SHOP STAMP

Dive Comments:
_____
_____
_____
_____

BOTTOM TIME TO DATE: _____

Time Of This Dive: _____

Cumulative Dive Time: _____

Verification Signature:

_____

☐ Instructor ☐ Divemaster ☐ Buddy

Certification No: _____

Dive Number: _____
Date: _____
Location: _____
Ocean: _____

SI	PG		PG
		BOTTOM TIME _____ DEPTH	
☐ Computer Dive			

TIME IN:	TIME OUT:

RNT _____
ABT _____
TBT _____

VISIBILITY:
_____

Bar / psi START	Bar / psi END

TEMP: Air ____ Surface ____ Bottom ____

GEAR USED
BCD: _____
Wetsuit: _____
Fins: _____
Weights: _____ kg/lbs
Cylinder: _____ Litres

☐ Steel ☐ Aluminium
☐ Fresh ☐ Salt ☐ Shore ☐ Boat ☐ Drift ☐ Right ☐ Training

DIVE SHOP STAMP

Dive Comments:
_____
_____
_____
_____
_____

BOTTOM TIME TO DATE: _____

Time Of This Dive: _____

Cumulative Dive Time: _____

Verification Signature:
_____

☐ Instructor ☐ Divemaster ☐ Buddy

Certification No: _____

Dive Number: _____
Date: _____
Location: _____
Ocean: _____

SI	PG		PG

☐ Computer Dive

BOTTOM TIME
_____
DEPTH

TIME IN:	TIME OUT:

RNT _____
ABT _____
TBT _____

VISIBILITY:
_____

Bar / psi START	Bar / psi END

TEMP: Air _____ Surface _____ Bottom _____

GEAR USED
BCD: _____
Wetsuit: _____
Fins: _____
Weights: _____ kg/lbs
Cylinder: _____ Litres

☐ Steel ☐ Aluminium
☐ Fresh ☐ Salt ☐ Shore ☐ Boat ☐ Drift ☐ Right ☐ Training

DIVE SHOP STAMP

Dive Comments:
_____
_____
_____
_____
_____

BOTTOM TIME TO DATE: _____

Time Of This Dive: _____

Cumulative Dive Time: _____

Verification Signature:
_____

☐ Instructor ☐ Divemaster ☐ Buddy

Certification No: _____

Dive Number: _____
Date: _____
Location: _____
Ocean: _____

SI	PG		PG

☐ Computer Dive

BOTTOM TIME
_____
DEPTH

TIME IN:	TIME OUT:

RNT _____
ABT _____
TBT _____

VISIBILITY:
_____

Bar / psi START	Bar / psi END

TEMP: Air ____ Surface ____ Bottom ____

GEAR USED
BCD: _____
Wetsuit: _____
Fins: _____
Weights: _____ kg/lbs
Cylinder: _____ Litres

☐ Steel   ☐ Aluminium
☐ Fresh   ☐ Salt   ☐ Shore   ☐ Boat   ☐ Drift   ☐ Right   ☐ Training

DIVE SHOP STAMP

Dive Comments:
_____
_____
_____
_____
_____

BOTTOM TIME TO DATE: _____

Time Of This Dive: _____

Cumulative Dive Time: _____

Verification Signature:

_____

☐ Instructor ☐ Divemaster ☐ Buddy

Certification No: _____

Dive Number: _____
Date: _____
Location: _____
Ocean: _____

SI	PG		PG
Computer Dive		BOTTOM TIME _____ DEPTH	

TIME IN:	TIME OUT:

RNT _____
ABT _____
TBT _____

VISIBILITY:
_____

Bar / psi START	Bar / psi END

TEMP: Air ____ Surface ____ Bottom ____

GEAR USED
BCD: _____
Wetsuit: _____
Fins: _____
Weights: _____ kg/lbs
Cylinder: _____ Litres

☐ Steel ☐ Aluminium
☐ Fresh ☐ Salt ☐ Shore ☐ Boat ☐ Drift ☐ Right ☐ Training

DIVE SHOP STAMP

Dive Comments:
_____
_____
_____
_____
_____

BOTTOM TIME TO DATE: _____

Time Of This Dive: _____

Cumulative Dive Time: _____

Verification Signature:
_____

☐ Instructor ☐ Divemaster ☐ Buddy

Certification No: _____

Dive Number: _____
Date: _____
Location: _____
Ocean: _____

SI	PG		PG

☐ Computer Dive

BOTTOM TIME _____
DEPTH

TIME IN:	TIME OUT:

RNT _____
ABT _____
TBT _____

VISIBILITY:
_____

Bar / psi START	Bar / psi END

TEMP: Air ____ Surface ____ Bottom ____

GEAR USED
BCD: _____
Wetsuit: _____
Fins: _____
Weights: _____ kg/lbs
Cylinder: _____ Litres

☐ Steel   ☐ Aluminium
☐ Fresh   ☐ Salt   ☐ Shore   ☐ Boat   ☐ Drift   ☐ Right   ☐ Training

DIVE SHOP STAMP

Dive Comments:
_____
_____
_____
_____
_____

BOTTOM TIME TO DATE: _____

Time Of This Dive: _____

Cumulative Dive Time: _____

Verification Signature:
_____

☐ Instructor   ☐ Divemaster   ☐ Buddy

Certification No: _____

Dive Number: _____
Date: _____
Location: _____
Ocean: _____

SI	PG		PG
☐ Computer Dive		BOTTOM TIME _____ DEPTH	

TIME IN:	TIME OUT:

RNT _____
ABT _____
TBT _____

VISIBILITY: _____

Bar / psi START	Bar / psi END

TEMP: Air ____ Surface ____ Bottom ____

GEAR USED
BCD: _____
Wetsuit: _____
Fins: _____
Weights: _____ kg/lbs
Cylinder: _____ Litres

☐ Steel   ☐ Aluminium
☐ Fresh   ☐ Salt   ☐ Shore   ☐ Boat   ☐ Drift   ☐ Right   ☐ Training

DIVE SHOP STAMP

Dive Comments:
_____
_____
_____
_____
_____

BOTTOM TIME TO DATE: _____

Time Of This Dive: _____

Cumulative Dive Time: _____

Verification Signature:
_____

☐ Instructor ☐ Divemaster ☐ Buddy

Certification No: _____

Dive Number: _____
Date: _____
Location: _____
Ocean: _____

SI	PG		PG

☐ Computer Dive

BOTTOM TIME
_____
DEPTH

TIME IN:	TIME OUT:

RNT _____
ABT _____
TBT _____

VISIBILITY:
_____

Bar / psi START	Bar / psi END

TEMP: Air ____ Surface ____ Bottom ____

GEAR USED
BCD: _____
Wetsuit: _____
Fins: _____
Weights: _____ kg/lbs
Cylinder: _____ Litres

☐ Steel ☐ Aluminium
☐ Fresh ☐ Salt ☐ Shore ☐ Boat ☐ Drift ☐ Right ☐ Training

DIVE SHOP STAMP

Dive Comments:
_____
_____
_____
_____
_____

BOTTOM TIME TO DATE: _____

Time Of This Dive: _____

Cumulative Dive Time: _____

Verification Signature:
_____

☐ Instructor ☐ Divemaster ☐ Buddy

Certification No: _____

Dive Number: _____
Date: _____
Location: _____
Ocean: _____

| SI | PG | | PG |

☐ Computer Dive

BOTTOM TIME _____
DEPTH _____

TIME IN:	TIME OUT:

RNT _____
ABT _____
TBT _____

VISIBILITY: _____

Bar / psi START	Bar / psi END

TEMP: Air _____ Surface _____ Bottom _____

GEAR USED
BCD: _____
Wetsuit: _____
Fins: _____
Weights: _____ kg/lbs
Cylinder: _____ Litres

☐ Steel   ☐ Aluminium
☐ Fresh   ☐ Salt   ☐ Shore   ☐ Boat   ☐ Drift   ☐ Right   ☐ Training

DIVE SHOP STAMP

Dive Comments:
_____
_____
_____
_____
_____

BOTTOM TIME TO DATE: _____

Time Of This Dive: _____

Cumulative Dive Time: _____

Verification Signature:

_____

☐ Instructor ☐ Divemaster ☐ Buddy

Certification No: _____

Dive Number: _____
Date: _____
Location: _____
Ocean: _____

SI	PG		PG

☐ Computer Dive

BOTTOM TIME
_____
DEPTH

TIME IN:	TIME OUT:

Bar / psi START	Bar / psi END

RNT _____
ABT _____
TBT _____

VISIBILITY:
_____

TEMP: Air _____ Surface _____ Bottom _____

GEAR USED
BCD: _____
Wetsuit: _____
Fins: _____
Weights: _____ kg/lbs
Cylinder: _____ Litres

☐ Steel   ☐ Aluminium
☐ Fresh   ☐ Salt   ☐ Shore   ☐ Boat   ☐ Drift   ☐ Right   ☐ Training

DIVE SHOP STAMP

Dive Comments:
_____
_____
_____
_____
_____

BOTTOM TIME TO DATE: _____

Time Of This Dive: _____

Cumulative Dive Time: _____

Verification Signature:
_____

☐ Instructor ☐ Divemaster ☐ Buddy

Certification No: _____

Dive Number: _____
Date: _____
Location: _____
Ocean: _____

SI	PG		PG
☐ Computer Dive		BOTTOM TIME ___ DEPTH	

TIME IN:	TIME OUT:

RNT _____
ABT _____
TBT _____

VISIBILITY: _____

Bar / psi START	Bar / psi END

TEMP: Air ____ Surface ____ Bottom ____

GEAR USED
BCD: _____
Wetsuit: _____
Fins: _____
Weights: _____ kg/lbs
Cylinder: _____ Litres

☐ Steel ☐ Aluminium
☐ Fresh ☐ Salt ☐ Shore ☐ Boat ☐ Drift ☐ Right ☐ Training

DIVE SHOP STAMP

Dive Comments:
_____
_____
_____
_____
_____

BOTTOM TIME TO DATE: _____

Time Of This Dive: _____

Cumulative Dive Time: _____

Verification Signature:
_____

☐ Instructor ☐ Divemaster ☐ Buddy

Certification No: _____

Dive Number: _____
Date: _____
Location: _____
Ocean: _____

SI	PG		PG
☐ Computer Dive	BOTTOM TIME		
	DEPTH		

TIME IN:	TIME OUT:

Bar / psi START	Bar / psi END

RNT _____
ABT _____
TBT _____

VISIBILITY: _____

TEMP: Air ____ Surface ____ Bottom ____

GEAR USED
BCD: _____
Wetsuit: _____
Fins: _____
Weights: _____ kg/lbs
Cylinder: _____ Litres

☐ Steel   ☐ Aluminium
☐ Fresh   ☐ Salt   ☐ Shore   ☐ Boat   ☐ Drift   ☐ Right   ☐ Training

DIVE SHOP STAMP

Dive Comments:
_____
_____
_____
_____
_____

BOTTOM TIME TO DATE: _____

Time Of This Dive: _____

Cumulative Dive Time: _____

Verification Signature:
_____

☐ Instructor   ☐ Divemaster   ☐ Buddy

Certification No: _____

Dive Number: _____
Date: _____
Location: _____
Ocean: _____

SI	PG		PG
		BOTTOM TIME	
☐ Computer Dive		DEPTH	

TIME IN:	TIME OUT:

RNT _____
ABT _____
TBT _____

VISIBILITY: _____

Bar / psi START	Bar / psi END

TEMP: Air _____ Surface _____ Bottom _____

GEAR USED
BCD: _____
Wetsuit: _____
Fins: _____
Weights: _____ kg/lbs
Cylinder: _____ Litres

☐ Steel ☐ Aluminium
☐ Fresh ☐ Salt ☐ Shore ☐ Boat ☐ Drift ☐ Right ☐ Training

DIVE SHOP STAMP

Dive Comments:
_____
_____
_____
_____
_____

BOTTOM TIME TO DATE: _____

Time Of This Dive: _____

Cumulative Dive Time: _____

Verification Signature:
_____

☐ Instructor ☐ Divemaster ☐ Buddy

Certification No: _____

Dive Number: _____
Date: _____
Location: _____
Ocean: _____

SI	PG		PG
☐ Computer Dive		BOTTOM TIME _____ DEPTH	

TIME IN:	TIME OUT:

RNT_____
ABT _____
TBT _____

VISIBILITY:
_____

Bar / psi START	Bar / psi END

TEMP: Air ____ Surface ____ Bottom ____

GEAR USED
BCD: _____
Wetsuit: _____
Fins: _____
Weights: _____ kg/lbs
Cylinder: _____ Litres

☐ Steel   ☐ Aluminium
☐ Fresh   ☐ Salt   ☐ Shore   ☐ Boat   ☐ Drift   ☐ Right   ☐ Training

DIVE SHOP STAMP

Dive Comments:
_____
_____
_____
_____
_____

BOTTOM TIME TO DATE: _____

Time Of This Dive: _____

Cumulative Dive Time: _____

Verification Signature:
_____

☐ Instructor ☐ Divemaster ☐ Buddy

Certification No: _____

Dive Number: _____
Date: _____
Location: _____
Ocean: _____

SI	PG		PG

☐ Computer Dive

BOTTOM TIME _____

DEPTH _____

TIME IN:	TIME OUT:

RNT _____
ABT _____
TBT _____

VISIBILITY: _____

Bar / psi START	Bar / psi END

TEMP: Air ____ Surface ____ Bottom ____

GEAR USED
BCD: _____
Wetsuit: _____
Fins: _____
Weights: _____ kg/lbs
Cylinder: _____ Litres

☐ Steel ☐ Aluminium
☐ Fresh ☐ Salt ☐ Shore ☐ Boat ☐ Drift ☐ Right ☐ Training

DIVE SHOP STAMP

Dive Comments:
_____
_____
_____
_____
_____

BOTTOM TIME TO DATE: _____

Time Of This Dive: _____

Cumulative Dive Time: _____

Verification Signature:
_____

☐ Instructor ☐ Divemaster ☐ Buddy

Certification No: _____

Dive Number: _____
Date: _____
Location: _____
Ocean: _____

SI	PG		PG

☐ Computer Dive

BOTTOM TIME
_____
DEPTH

TIME IN:	TIME OUT:

RNT _____
ABT _____
TBT _____

VISIBILITY:
_____

Bar / psi START	Bar / psi END

TEMP: Air ____ Surface ____ Bottom ____

GEAR USED
BCD: _____
Wetsuit: _____
Fins: _____
Weights: _____ kg/lbs
Cylinder: _____ Litres

☐ Steel   ☐ Aluminium
☐ Fresh   ☐ Salt   ☐ Shore   ☐ Boat   ☐ Drift   ☐ Right   ☐ Training

DIVE SHOP STAMP

Dive Comments:
_____
_____
_____
_____
_____

BOTTOM TIME TO DATE: _____

Time Of This Dive: _____

Cumulative Dive Time: _____

Verification Signature:
_____

☐ Instructor ☐ Divemaster ☐ Buddy

Certification No: _____

Dive Number: _____
Date: _____
Location: _____
Ocean: _____

SI	PG		PG
☐ Computer Dive		BOTTOM TIME _____ DEPTH	

TIME IN:	TIME OUT:

RNT _____
ABT _____
TBT _____

VISIBILITY:
_____

Bar / psi START	Bar / psi END

TEMP: Air ____ Surface ____ Bottom ____

GEAR USED
BCD: _____
Wetsuit: _____
Fins: _____
Weights: _____ **kg/lbs**
Cylinder: _____ **Litres**

☐ Steel   ☐ Aluminium
☐ Fresh   ☐ Salt   ☐ Shore   ☐ Boat   ☐ Drift   ☐ Right   ☐ Training

DIVE SHOP STAMP

Dive Comments:
_____
_____
_____
_____
_____

BOTTOM TIME TO DATE: _____

Time Of This Dive: _____

Cumulative Dive Time: _____

Verification Signature:

_____

☐ Instructor ☐ Divemaster ☐ Buddy

Certification No: _____

Dive Number: _____
Date: _____
Location: _____
Ocean: _____

SI	PG		PG

☐ Computer Dive

BOTTOM TIME
_____
DEPTH

TIME IN:	TIME OUT:

RNT _____
ABT _____
TBT _____

VISIBILITY:
_____

Bar / psi START	Bar / psi END

TEMP: Air ____ Surface ____ Bottom ____

GEAR USED
BCD: _____
Wetsuit: _____
Fins: _____
Weights: _____ kg/lbs
Cylinder: _____ Litres

☐ Steel   ☐ Aluminium
☐ Fresh   ☐ Salt   ☐ Shore   ☐ Boat   ☐ Drift   ☐ Right   ☐ Training

DIVE SHOP STAMP

Dive Comments:
_____
_____
_____
_____
_____

BOTTOM TIME TO DATE: _____

Time Of This Dive: _____

Cumulative Dive Time: _____

Verification Signature:
_____

☐ Instructor ☐ Divemaster ☐ Buddy

Certification No: _____

Dive Number: _____
Date: _____
Location: _____
Ocean: _____

SI	PG		PG
☐ Computer Dive		BOTTOM TIME _____ DEPTH	

TIME IN:	TIME OUT:

RNT _____
ABT _____
TBT _____

VISIBILITY:
_____

Bar / psi START	Bar / psi END

TEMP: Air ____ Surface ____ Bottom ____

GEAR USED
BCD: _____
Wetsuit: _____
Fins: _____
Weights: _____ kg/lbs
Cylinder: _____ Litres

☐ Steel   ☐ Aluminium
☐ Fresh   ☐ Salt   ☐ Shore   ☐ Boat   ☐ Drift   ☐ Right   ☐ Training

DIVE SHOP STAMP

Dive Comments:
_____
_____
_____
_____
_____

BOTTOM TIME TO DATE: _____

Time Of This Dive: _____

Cumulative Dive Time: _____

Verification Signature:
_____

☐ Instructor   ☐ Divemaster   ☐ Buddy

Certification No: _____

Dive Number: _____
Date: _____
Location: _____
Ocean: _____

SI	PG		PG

☐ Computer Dive

BOTTOM TIME
_____
DEPTH

TIME IN:	TIME OUT:

Bar / psi START	Bar / psi END

RNT _____
ABT _____
TBT _____

VISIBILITY:
_____

TEMP: Air ____ Surface ____ Bottom ____

GEAR USED
BCD: _____
Wetsuit: _____
Fins: _____
Weights: _____ kg/lbs
Cylinder: _____ Litres

☐ Steel ☐ Aluminium
☐ Fresh ☐ Salt ☐ Shore ☐ Boat ☐ Drift ☐ Right ☐ Training

DIVE SHOP STAMP

Dive Comments:
_____
_____
_____
_____
_____

BOTTOM TIME TO DATE: _____

Time Of This Dive: _____

Cumulative Dive Time: _____

Verification Signature:

_____

☐ Instructor ☐ Divemaster ☐ Buddy

Certification No: _____

Dive Number: _____
Date: _____
Location: _____
Ocean: _____

SI	PG		PG
		BOTTOM TIME	
☐ Computer Dive		DEPTH	

TIME IN:	TIME OUT:

Bar / psi START	Bar / psi END

RNT _____
ABT _____
TBT _____

VISIBILITY:
_____

TEMP: Air ____ Surface ____ Bottom ____

GEAR USED
BCD: _____
Wetsuit: _____
Fins: _____
Weights: _____ kg/lbs
Cylinder: _____ Litres

☐ Steel ☐ Aluminium
☐ Fresh ☐ Salt ☐ Shore ☐ Boat ☐ Drift ☐ Right ☐ Training

DIVE SHOP STAMP

Dive Comments:
_____
_____
_____
_____
_____

BOTTOM TIME TO DATE: _____

Time Of This Dive: _____

Cumulative Dive Time: _____

Verification Signature:
_____

☐ Instructor ☐ Divemaster ☐ Buddy

Certification No: _____

Dive Number: _____
Date: _____
Location: _____
Ocean: _____

SI	PG		PG
☐ Computer Dive		BOTTOM TIME _____ DEPTH	

TIME IN:	TIME OUT:

RNT _____
ABT _____
TBT _____

VISIBILITY: _____

Bar / psi START	Bar / psi END

TEMP: Air ____ Surface ____ Bottom ____

GEAR USED
BCD: _____
Wetsuit: _____
Fins: _____
Weights: _____ kg/lbs
Cylinder: _____ Litres

☐ Steel   ☐ Aluminium
☐ Fresh   ☐ Salt   ☐ Shore   ☐ Boat   ☐ Drift   ☐ Right   ☐ Training

DIVE SHOP STAMP

Dive Comments:
_____
_____
_____
_____
_____

BOTTOM TIME TO DATE: _____

Time Of This Dive: _____

Cumulative Dive Time: _____

Verification Signature:
_____

☐ Instructor ☐ Divemaster ☐ Buddy

Certification No: _____

Dive Number: _____
Date: _____
Location: _____
Ocean: _____

SI	PG		PG
		BOTTOM TIME	
☐ Computer Dive		_____	
		DEPTH	

TIME IN:	TIME OUT:

RNT _____
ABT _____
TBT _____

VISIBILITY:
_____

Bar / psi START	Bar / psi END

TEMP: Air _____ Surface _____ Bottom _____

GEAR USED
BCD: _____
Wetsuit: _____
Fins: _____
Weights: _____ kg/lbs
Cylinder: _____ Litres

☐ Steel ☐ Aluminium
☐ Fresh ☐ Salt ☐ Shore ☐ Boat ☐ Drift ☐ Right ☐ Training

DIVE SHOP STAMP

Dive Comments:
_____
_____
_____
_____
_____

BOTTOM TIME TO DATE: _____

Time Of This Dive: _____

Cumulative Dive Time: _____

Verification Signature:
_____

☐ Instructor ☐ Divemaster ☐ Buddy

Certification No: _____

Dive Number: _____
Date: _____
Location: _____
Ocean: _____

SI	PG		PG

☐ Computer Dive

BOTTOM TIME
_____
DEPTH

TIME IN:	TIME OUT:

RNT _____
ABT _____
TBT _____

VISIBILITY:
_____

Bar / psi START	Bar / psi END

TEMP: Air ____ Surface ____ Bottom ____

GEAR USED
BCD: _____
Wetsuit: _____
Fins: _____
Weights: _____ kg/lbs
Cylinder: _____ Litres

☐ Steel   ☐ Aluminium
☐ Fresh   ☐ Salt   ☐ Shore   ☐ Boat   ☐ Drift   ☐ Right   ☐ Training

DIVE SHOP STAMP

Dive Comments:
_____
_____
_____
_____
_____

BOTTOM TIME TO DATE: _____

Time Of This Dive: _____

Cumulative Dive Time: _____

Verification Signature:
_____

☐ Instructor ☐ Divemaster ☐ Buddy

Certification No: _____

Dive Number: _____
Date: _____
Location: _____
Ocean: _____

SI	PG		PG
		BOTTOM TIME	
☐ Computer Dive		_____	
		DEPTH	

TIME IN:	TIME OUT:

RNT _____
ABT _____
TBT _____

VISIBILITY:
_____

Bar / psi START	Bar / psi END

TEMP: Air ____ Surface ____ Bottom ____

GEAR USED
BCD: _____
Wetsuit: _____
Fins: _____
Weights: _____ kg/lbs
Cylinder: _____ Litres

☐ Steel   ☐ Aluminium
☐ Fresh   ☐ Salt   ☐ Shore   ☐ Boat   ☐ Drift   ☐ Right   ☐ Training

DIVE SHOP STAMP

Dive Comments:
_____
_____
_____
_____
_____

BOTTOM TIME TO DATE: _____

Time Of This Dive: _____

Cumulative Dive Time: _____

Verification Signature:
_____

☐ Instructor   ☐ Divemaster   ☐ Buddy

Certification No: _____

Dive Number: _____
Date: _____
Location: _____
Ocean: _____

SI	PG		PG

☐ Computer Dive

BOTTOM TIME
_____
DEPTH

TIME IN:	TIME OUT:

RNT _____
ABT _____
TBT _____

VISIBILITY:
_____

Bar / psi START	Bar / psi END

TEMP: Air ____ Surface ____ Bottom ____

GEAR USED
BCD: _____
Wetsuit: _____
Fins: _____
Weights: _____ kg/lbs
Cylinder: _____ Litres

☐ **Steel** ☐ **Aluminium**
☐ **Fresh** ☐ **Salt** ☐ **Shore** ☐ **Boat** ☐ **Drift** ☐ **Right** ☐ **Training**

DIVE SHOP STAMP

Dive Comments:
_____
_____
_____
_____
_____

BOTTOM TIME TO DATE: _____

Time Of This Dive: _____

Cumulative Dive Time: _____

Verification Signature:
_____

☐ Instructor ☐ Divemaster ☐ Buddy

Certification No: _____

Dive Number: _____
Date: _____
Location: _____
Ocean: _____

SI	PG		PG
		BOTTOM TIME	
Computer Dive		DEPTH	

TIME IN:	TIME OUT:

RNT _____
ABT _____
TBT _____

VISIBILITY: _____

Bar / psi START	Bar / psi END

TEMP: Air ____ Surface ____ Bottom ____

GEAR USED
BCD: _____
Wetsuit: _____
Fins: _____
Weights: _____ kg/lbs
Cylinder: _____ Litres

☐ Steel   ☐ Aluminium
☐ Fresh   ☐ Salt   ☐ Shore   ☐ Boat   ☐ Drift   ☐ Right   ☐ Training

DIVE SHOP STAMP

Dive Comments:
_____
_____
_____
_____
_____

BOTTOM TIME TO DATE: _____

Time Of This Dive: _____

Cumulative Dive Time: _____

Verification Signature:
_____

☐ Instructor ☐ Divemaster ☐ Buddy

Certification No: _____

Dive Number: _____
Date: _____
Location: _____
Ocean: _____

SI	PG		PG

☐ Computer Dive

BOTTOM TIME
_____
DEPTH

TIME IN:	TIME OUT:

Bar / psi START	Bar / psi END

RNT _____
ABT _____
TBT _____

VISIBILITY:
_____

TEMP: Air _____ Surface _____ Bottom _____

GEAR USED
BCD: _____
Wetsuit: _____
Fins: _____
Weights: _____ kg/lbs
Cylinder: _____ Litres

☐ Steel   ☐ Aluminium
☐ Fresh   ☐ Salt   ☐ Shore   ☐ Boat   ☐ Drift   ☐ Right   ☐ Training

DIVE SHOP STAMP

Dive Comments:
_____
_____
_____
_____
_____

BOTTOM TIME TO DATE: _____

Time Of This Dive: _____

Cumulative Dive Time: _____

Verification Signature:
_____

☐ Instructor ☐ Divemaster ☐ Buddy

Certification No: _____

Dive Number: _____
Date: _____
Location: _____
Ocean: _____

SI	PG		PG
☐ Computer Dive		BOTTOM TIME _____ DEPTH	

TIME IN:	TIME OUT:

RNT _____
ABT _____
TBT _____

VISIBILITY: _____

Bar / psi START	Bar / psi END

TEMP: Air ____ Surface ____ Bottom ____

GEAR USED
BCD: _____
Wetsuit: _____
Fins: _____
Weights: _____ kg/lbs
Cylinder: _____ Litres

☐ Steel ☐ Aluminium
☐ Fresh ☐ Salt ☐ Shore ☐ Boat ☐ Drift ☐ Right ☐ Training

DIVE SHOP STAMP

Dive Comments:
_____
_____
_____
_____
_____

BOTTOM TIME TO DATE: _____

Time Of This Dive: _____

Cumulative Dive Time: _____

Verification Signature:
_____

☐ Instructor ☐ Divemaster ☐ Buddy

Certification No: _____

Dive Number: _____
Date: _____
Location: _____
Ocean: _____

SI	PG		PG
		BOTTOM TIME	
☐ Computer Dive		_____ DEPTH	

TIME IN:	TIME OUT:

RNT _____
ABT _____
TBT _____

VISIBILITY:
_____

Bar / psi START	Bar / psi END

TEMP: Air ____ Surface ____ Bottom ____

GEAR USED
BCD: _____
Wetsuit: _____
Fins: _____
Weights: _____ kg/lbs
Cylinder: _____ Litres

☐ Steel ☐ Aluminium
☐ Fresh ☐ Salt ☐ Shore ☐ Boat ☐ Drift ☐ Right ☐ Training

DIVE SHOP STAMP

Dive Comments:
_____
_____
_____
_____
_____

BOTTOM TIME TO DATE: _____

Time Of This Dive: _____

Cumulative Dive Time: _____

Verification Signature:

_____

☐ Instructor ☐ Divemaster ☐ Buddy

Certification No: _____

Dive Number: _____
Date: _____
Location: _____
Ocean: _____

SI	PG		PG
		BOTTOM TIME	
☐ Computer Dive		_____ DEPTH	

TIME IN:	TIME OUT:

Bar / psi START	Bar / psi END

RNT _____
ABT _____
TBT _____

VISIBILITY:
_____

TEMP: Air ____ Surface ____ Bottom ____

GEAR USED
BCD: _____
Wetsuit: _____
Fins: _____
Weights: _____ kg/lbs
Cylinder: _____ Litres

☐ Steel ☐ Aluminium
☐ Fresh ☐ Salt ☐ Shore ☐ Boat ☐ Drift ☐ Right ☐ Training

Dive Comments:
_____
_____
_____
_____
_____

DIVE SHOP STAMP

BOTTOM TIME TO DATE: _____

Time Of This Dive: _____

Cumulative Dive Time: _____

Verification Signature:
_____

☐ Instructor ☐ Divemaster ☐ Buddy

Certification No: _____

Dive Number: _____
Date: _____
Location: _____
Ocean: _____

SI	PG		PG
		BOTTOM TIME _____ DEPTH	
☐ Computer Dive			

TIME IN:	TIME OUT:

RNT _____
ABT _____
TBT _____

VISIBILITY:
_____

Bar / psi START	Bar / psi END

TEMP: Air ____ Surface ____ Bottom ____

GEAR USED
BCD: _____
Wetsuit: _____
Fins: _____
Weights: _____ kg/lbs
Cylinder: _____ Litres

☐ Steel ☐ Aluminium
☐ Fresh ☐ Salt ☐ Shore ☐ Boat ☐ Drift ☐ Right ☐ Training

DIVE SHOP STAMP

Dive Comments:
_____
_____
_____
_____
_____

BOTTOM TIME TO DATE: _____

Time Of This Dive: _____

Cumulative Dive Time: _____

Verification Signature:

_____

☐ Instructor ☐ Divemaster ☐ Buddy

Certification No: _____

Dive Number: _____
Date: _____
Location: _____
Ocean: _____

TIME IN:	TIME OUT:

Bar / psi START	Bar / psi END

SI	PG		PG

☐ Computer Dive

BOTTOM TIME
_____
DEPTH

RNT _____
ABT _____
TBT _____

VISIBILITY:
_____

TEMP: Air ____ Surface ____ Bottom ____

GEAR USED
BCD: _____
Wetsuit: _____
Fins: _____
Weights: _____ kg/lbs
Cylinder: _____ Litres

☐ Steel   ☐ Aluminium
☐ Fresh   ☐ Salt   ☐ Shore   ☐ Boat   ☐ Drift   ☐ Right   ☐ Training

DIVE SHOP STAMP

Dive Comments:
_____
_____
_____
_____
_____

BOTTOM TIME TO DATE: _____

Time Of This Dive: _____

Cumulative Dive Time: _____

Verification Signature:

_____

☐ Instructor ☐ Divemaster ☐ Buddy

Certification No: _____

Dive Number: _____
Date: _____
Location: _____
Ocean: _____

SI	PG		PG
☐ Computer Dive	BOTTOM TIME _____ DEPTH		

TIME IN:	TIME OUT:

RNT _____
ABT _____
TBT _____

VISIBILITY:
_____

Bar / psi START	Bar / psi END

TEMP: Air ____ Surface ____ Bottom ____

GEAR USED
BCD: _____
Wetsuit: _____
Fins: _____
Weights: _____ kg/lbs
Cylinder: _____ Litres

☐ Steel ☐ Aluminium
☐ Fresh ☐ Salt ☐ Shore ☐ Boat ☐ Drift ☐ Right ☐ Training

DIVE SHOP STAMP

Dive Comments:
_____
_____
_____
_____
_____

BOTTOM TIME TO DATE: _____

Time Of This Dive: _____

Cumulative Dive Time: _____

Verification Signature:
_____

☐ Instructor ☐ Divemaster ☐ Buddy

Certification No: _____

Dive Number: _____
Date: _____
Location: _____
Ocean: _____

| SI | PG | | PG |

Computer Dive ☐

BOTTOM TIME _____
DEPTH

TIME IN:	TIME OUT:

RNT _____
ABT _____
TBT _____

VISIBILITY:
_____

Bar / psi START	Bar / psi END

TEMP: Air ____ Surface ____ Bottom ____

GEAR USED
BCD: _____
Wetsuit: _____
Fins: _____
Weights: _____ kg/lbs
Cylinder: _____ Litres

☐ Steel ☐ Aluminium
☐ Fresh ☐ Salt ☐ Shore ☐ Boat ☐ Drift ☐ Right ☐ Training

DIVE SHOP STAMP

Dive Comments:
_____
_____
_____
_____
_____

BOTTOM TIME TO DATE: _____

Time Of This Dive: _____

Cumulative Dive Time: _____

Verification Signature:
_____

☐ Instructor ☐ Divemaster ☐ Buddy

Certification No: _____

Dive Number: _____
Date: _____
Location: _____
Ocean: _____

| SI | PG | | PG |

☐ Computer Dive

BOTTOM TIME _____
DEPTH _____

TIME IN:	TIME OUT:

RNT _____
ABT _____
TBT _____

VISIBILITY: _____

Bar / psi START	Bar / psi END

TEMP: Air ____ Surface ____ Bottom ____

GEAR USED
BCD: _____
Wetsuit: _____
Fins: _____
Weights: _____ kg/lbs
Cylinder: _____ Litres

☐ Steel ☐ Aluminium
☐ Fresh ☐ Salt ☐ Shore ☐ Boat ☐ Drift ☐ Right ☐ Training

DIVE SHOP STAMP

Dive Comments:
_____
_____
_____
_____
_____

BOTTOM TIME TO DATE: _____

Time Of This Dive: _____

Cumulative Dive Time: _____

Verification Signature:
_____

☐ Instructor ☐ Divemaster ☐ Buddy

Certification No: _____

Dive Number: _____
Date: _____
Location: _____
Ocean: _____

SI	PG		PG
		BOTTOM TIME	
☐ Computer Dive		DEPTH	

TIME IN:	TIME OUT:

RNT _____
ABT _____
TBT _____

VISIBILITY:
_____

Bar / psi START	Bar / psi END

TEMP: Air ____ Surface ____ Bottom ____

GEAR USED
BCD: _____
Wetsuit: _____
Fins: _____
Weights: _____ kg/lbs
Cylinder: _____ Litres

☐ Steel ☐ Aluminium
☐ Fresh ☐ Salt ☐ Shore ☐ Boat ☐ Drift ☐ Right ☐ Training

DIVE SHOP STAMP

Dive Comments:
_____
_____
_____
_____
_____

BOTTOM TIME TO DATE: _____

Time Of This Dive: _____

Cumulative Dive Time: _____

Verification Signature:
_____

☐ Instructor ☐ Divemaster ☐ Buddy

Certification No: _____

Dive Number: _____
Date: _____
Location: _____
Ocean: _____

SI	PG		PG
		BOTTOM TIME	
☐ Computer Dive		_____	
		DEPTH	

TIME IN:	TIME OUT:

RNT _____
ABT _____
TBT _____

VISIBILITY:
_____

Bar / psi START	Bar / psi END

TEMP: Air ____ Surface ____ Bottom ____

GEAR USED
BCD: _____
Wetsuit: _____
Fins: _____
Weights: _____ kg/lbs
Cylinder: _____ Litres

☐ Steel ☐ Aluminium
☐ Fresh ☐ Salt ☐ Shore ☐ Boat ☐ Drift ☐ Right ☐ Training

DIVE SHOP STAMP

Dive Comments:
_____
_____
_____
_____
_____

BOTTOM TIME TO DATE: _____

Time Of This Dive: _____

Cumulative Dive Time: _____

Verification Signature:
_____

☐ Instructor ☐ Divemaster ☐ Buddy

Certification No: _____

Dive Number: _____
Date: _____
Location: _____
Ocean: _____

SI	PG		PG
☐ Computer Dive		BOTTOM TIME _____ DEPTH	

TIME IN:	TIME OUT:

RNT _____
ABT _____
TBT _____

VISIBILITY: _____

Bar / psi START	Bar / psi END

TEMP: Air ____ Surface ____ Bottom ____

GEAR USED
BCD: _____
Wetsuit: _____
Fins: _____
Weights: _____ kg/lbs
Cylinder: _____ Litres

☐ Steel ☐ Aluminium
☐ Fresh ☐ Salt ☐ Shore ☐ Boat ☐ Drift ☐ Right ☐ Training

DIVE SHOP STAMP

Dive Comments:
_____
_____
_____
_____
_____

BOTTOM TIME TO DATE: _____

Time Of This Dive: _____

Cumulative Dive Time: _____

Verification Signature:
_____

☐ Instructor ☐ Divemaster ☐ Buddy

Certification No: _____

Dive Number: _____
Date: _____
Location: _____
Ocean: _____

SI	PG		PG

☐ Computer Dive

BOTTOM TIME
_____
DEPTH

TIME IN:	TIME OUT:

RNT _____
ABT _____
TBT _____

VISIBILITY:
_____

Bar / psi START	Bar / psi END

TEMP: Air ____ Surface ____ Bottom ____

GEAR USED
BCD: _____
Wetsuit: _____
Fins: _____
Weights: _____ kg/lbs
Cylinder: _____ Litres

☐ Steel   ☐ Aluminium
☐ Fresh   ☐ Salt   ☐ Shore   ☐ Boat   ☐ Drift   ☐ Right   ☐ Training

DIVE SHOP STAMP

Dive Comments:
_____
_____
_____
_____
_____

BOTTOM TIME TO DATE: _____

Time Of This Dive: _____

Cumulative Dive Time: _____

Verification Signature:
_____

☐ Instructor ☐ Divemaster ☐ Buddy

Certification No: _____

Dive Number: _____
Date: _____
Location: _____
Ocean: _____

SI	PG		PG
☐ Computer Dive		BOTTOM TIME	
		DEPTH	

TIME IN:	TIME OUT:

Bar / psi START	Bar / psi END

RNT _____
ABT _____
TBT _____

VISIBILITY:
_____

TEMP: Air _____ Surface _____ Bottom _____

GEAR USED
BCD: _____
Wetsuit: _____
Fins: _____
Weights: _____ kg/lbs
Cylinder: _____ Litres

☐ Steel ☐ Aluminium
☐ Fresh ☐ Salt ☐ Shore ☐ Boat ☐ Drift ☐ Right ☐ Training

DIVE SHOP STAMP

Dive Comments:
_____
_____
_____
_____
_____

BOTTOM TIME TO DATE: _____

Time Of This Dive: _____

Cumulative Dive Time: _____

Verification Signature:
_____

☐ Instructor ☐ Divemaster ☐ Buddy

Certification No: _____

www.ingramcontent.com/pod-product-compliance
Lightning Source LLC
LaVergne TN
LVHW012108070526
838202LV00056B/5669